AF176091

Angelika Trümper

Ist das Politik –
oder kann das weg?

Über Kriegsschauplätze und Friedensbemühungen
im Großen und im Kleinen

Weitere Titel der Autorin:

Kohlsuppe und Kaviar
    (Gereimtes und ungereimtes Leben)
ISBN 978–3–8423–3267–6

Bürger, Bosse, Bonmots
    (Spruch-reifes aus Politik und Alltag)
ISBN 97837 32261857

Kaleidoskop
    (Des Lebens bunte Vielfalt)
ISBN 97837 34730771

Zeit – Stücke
    (Ein Weihnachtsmärchen für das ganze Jahr)
ISBN 9783741 281488

Tierische Hausgenossen
ISBN 9783837007879

Mit Gott - Vertrauen durch das Jahr
ISBN 9788744809894

Angelika Trümper

Ist das Politik –

oder kann das weg?

Über Kriegsschauplätze und Friedensbemühungen
im Großen und im Kleinen

Bibliografische Information der Deutschen Nationalbibliothek:
Die Deutsche Nationalbibliothek verzeichnet diese Publikation
in der Deutschen Nationalbibliografie: detaillierte
bibliografische Daten sind im Internet über http://dnb.dnb.de
abrufbar.

Impressum:
Copyright 2018 Angelika Trümper
Herstellung und Verlag:
BoD- Books on Demand, Norderstedt
Fotos: A. Trümper
Illustration: A.-K. Rathjens
ISBN 9783752806168

Inhaltsverzeichnis

DIE SCHWERE LAST

DER STAATSFÜHRUNG

Bis zum Mars fliegen

können wir ja nun.

Bestimmt wird es jetzt auch

nicht mehr lange dauern,

bis unsere Politiker

Zeit und Gelegenheit finden,

sich mal mit den Problemen

vor ihrer Haustür zu befassen.

Mit unserer Parteienlandschaft

ist es 2017 genauso

wie mit dem Fernsehprogramm.

Egal, was man wählt:

Hauen und Stechen,

Fantasy

oder

von anno dunnemals.

Viele unserer Politiker sind Juristen.

Da fragt man sich,

warum so viele schwammige, undurchsichtige
und nach allen Seiten dehnbare Gesetze
erlassen werden.

Oder ist genau dies die Ursache dafür?

Andererseits versprechen diese Gesetze
natürlich auch gute Extraeinnahmen,
wenn sie den Juristen später scharenweise
verunsicherte Bürger in die
„nebenbei" betriebenen Praxen treiben.

Volksvertreter –

oft hat man das Gefühl,

dass sie das Volk am liebsten vertreten

in der Abschöpfung

des von ihm erarbeiteten Kapitals.

Was hätten unsere Politiker ihrem Volk

nicht schon alles sagen können,

wenn ihnen in den Talk-Shows

nicht so viel Zeit verloren ginge,

während sie sich gegenseitig

beschuldigen,

sich durch zu lange Redezeiten

die Zeit zu stehlen.

Wolkenkuckucksheim

Die Reden vieler hoher Politiker weltweit

klingen so realitätsfern, dass man denkt,

sie lebten abgeschirmt vom bürgerlichen Alltag

hinter einer Glaswand.

Vielleicht ist das aber auch die Kristallkugel,

in die sie sehen, um sich die Weisheiten

für ihr Vorgehen zu holen.

Die Tat-Kräftigeren würfeln z. Zt.

auch gern wieder mit Knochen.

So weit sind wir ~~ge~~ verkommen?

Kommentar eines Politikers im Fernsehen:
"Das Attentat in Feuerland mit 2 Toten
gehört 2017 zur europäischen Normalität."

Na, dann ist ja alles geklärt.

Alle Menschen wollen in Frieden leben.

Nur nicht ausgerechnet mit ihrem Nachbarn.

Die Karten werden wieder neu gemischt.

Ober sticht Unter,
für Macht, Besitz und Sieg
lohnt sich der höchste Einsatz.

Denn selbst im 21. Jahrhundert verbieten
alle festgeschriebenen Erkenntnisse über
Moral, Ethik und Menschenrechte
den Politikern noch nicht,
um Menschenleben zu pokern.

Nicht nur ein verbotenes –
ein teuflisches Spiel.

Der Irrtum

Jetzt marschieren sie wieder!
Schaut es euch an!
Es ist nicht vorbei.
Es ist niemals vorbei.

Jetzt skandieren sie wieder!
Hört es nicht an!
Die alte Leier,
immer der gleiche Brei.

Wieder wehen die Fahnen,
wieder fassen sie Tritt.
Lasst euch doch nicht verarschen!
Und macht einfach nicht mit.

Ein Offizier erklärt begeistert im Fernsehen,

dass die Luftaufklärung

mit modernsten Digitalaufnahmen arbeitet:

„Menschen kann man als Menschen erkennen!"

Brauchen wir tatsächlich modernste Technik,

um uns gegenseitig als Menschen zu erkennen?

Sapperlot! [1]

Wir sitzen alle in einem Boot,

wir leben alle vom täglich´ Brot,

wir fürchten alle Schmerz, Leid und Not,

und doch schlagen Menschen Menschen tot,

färbt unser Blut Meer und Erde rot,

schert uns nicht unseres Nachbarn Not,

nicht, dass Millionen Verhungern droht,

nennen wir „Mensch" uns, nicht „Idiot". [2]

[1] lt. Duden: Ausruf des Unwillens oder Erstaunens
[2] Idiot (griech.): Dummkopf

Bedrückend,
dass wir
neben Wörtern wie
„Unglück", „unfrei",
„Unheil"...
auch die Vokabel
„Unmensch"
schaffen mussten.

Alles um uns herum
haben wir Menschen
von Anbeginn an weiterentwickelt.
Nur nicht uns selbst.

Rest In Peace

„Gebet für den Frieden,"
hat man lang nicht gehört.
„Die Waffen nieder!"
Wen das noch aufstört?
„Schwerter zu Pflugscharen,"
von dem alten Spruch
aus Großmutters Bibel
ham wir lange genug.

Wer will das noch hören?
Wen geht es was an?
Tut nicht schon ein jeder,
was immer er kann?

Politiker tagen
bei Tag und bei Nacht.
Beschlüsse sind mit
heißer Nadel gemacht
oder im Halbschlaf,
mit Jetlag und Burn—
out in den Knochen
und hinter der Stirn.

Der Bürger hält still,
hat längst resigniert.
Er kann ja nicht ändern,
was „oben" passiert.

Selbst „make peace, not war"
hat sich überlebt.
Wer kennt noch das Wort
Solidarität?
Wo sind die zigtausend,
die stolz ohne Waffen
marschieren gehen,
um Frieden zu schaffen?

Menschen lassen ihr Leben
für die Habgier und Macht
irrsinniger Despoten.
Schlaf weiter, Welt. – Gut Nacht!

Es bewegt immer wieder sehr,
wenn man in den Nachrichten
mit ansehen oder -hören muss,
wie Vorstandsmitglieder von Banken
oder Großkonzernen
nach Pleiten um ihre Boni trauern.
Man kann sie verstehen.
Hier und da ´ne Million weniger –
das ist wirklich nicht auszuhalten!

Wie gut haben es dagegen
die sogenannten „kleinen Leute",
die von solchen Problemen verschont bleiben!
Um einige 100 000 € können ihre
knapp vierstelligen Gehälter
ja gar nicht gekürzt werden,
und die Frage, wie sie alle paar Jahre
mit ca. 3 bis 4% mehr im Portemonnaie fertig
werden, ist auch relativ schnell gelöst.

Das Fernsehen berichtet im Hamburg–Journal
über den Besuch des Bundespräsidenten.
Er besucht u. a. die Obdachlosenunterkunft
und isst dort zu Mittag.
„Heute gibt´s hier eine Spezialität!
Extra für den Bundespräsidenten!"
Genau **so** ist es.

Zurzeit werben einige Parteien mit der
Bürgerversicherung um Stimmen,
denn alle Menschen sollen gleich behandelt werden.
Wird es **so** sein?

Lustige Vorstellung,
mal an unserem Bundespräsidenten,
dem Gesundheitsminister oder anderen Promis
vorbeizulaufen, die dann – wie jeder andere –
auch auf einem kalten Krankenhausflur liegen und
auf eine Behandlung in einigen Stunden warten
müssen. Oder über die Medien zu hören,
dass sie wichtige Verhandlungen vertagen, weil sie
einen Arzt- oder OP-Termin – wie jeder andere –
erst in einigen Monaten bekommen.
Wer glaubt denn **so**was?

Doch mit Geld konnte und kann man immer alles
kaufen. Auch bestmögliche ärztliche Versorgung.
So wird es sein.

Autoimmunkrankheiten, Allergien
und Hautprobleme nehmen rasant zu.
Die Schulmedizin hat ihnen wenig
entgegenzusetzen.

Angeblich kann auch niemand verhindern,
was wir seit langem wissen, nämlich,
dass unsere Lebensmittel und
Körperpflegeprodukte ohne Rücksicht
auf den Verbraucher
permanent vergiftet werden
durch Medikamentenrückstände,
chemische Zusätze wie Farbstoffe,
Geschmacksverstärker, Süßstoffe,
Mittel zum Verlängern der Haltbarkeit,
Plastikteilchen . . .,
und so wird auf Kosten unserer Gesundheit
fröhlich weiter produziert.

Gegen Geld- und Machtgier ist immer noch
kein Kraut gewachsen.
Denken die Politiker und Lobbyisten eigentlich
daran, dass sie selbst auch Verbraucher sind?

Nachdem man erkannt hat,

dass in vielen natürlichen Heilkräutern,

die den Menschen jahrtausendelang

zu überleben halfen, Giftstoffe

oder andere suspekte Inhaltsstoffe enthalten sind,

die dem Menschen schaden könnten,

tauschen wir sie unserer Gesundheit zuliebe aus

durch chemische Produkte, deren

Nebenwirkungen und Risiken für den Menschen

ellenlange Beipackzettel füllen,

die – wohl aus gutem Grunde –

kein Laie versteht.

Zu Sinn und Unsinn dieser Entwicklung

fragen Sie bitte

Ihren gesunden Menschenverstand.

Mann, sind wir flexibel!

Vor 40 Jahren lernten wir in der Schule Fakten,
die heute widerlegt sind.
Auch in der Medizin muss der ohnehin
geplagte Patient immer aufpassen,
welche Erkenntnisse gerade vorherrschen,
z. B. über Kaffee oder Cholesterin.

Allen voran aber geht ausgerechnet
die als so konservativ verschriene Kirche
und überholt sich noch selbst
in Sachen Fortschrittlichkeit.
Dinge wie z. B. die gleichgeschlechtliche Ehe,
die noch vor 20 Jahren einer Todsünde gleich kamen,
werden heute von der Obrigkeit abgesegnet.

In der Wissenschaft
werden neue Erkenntnisse dokumentiert.
Vielleicht gibt auch bald die Kirche
einen Leitfaden heraus zur Orientierung,
an welche Stellen in der Bibel zu glauben
derzeit en vogue ist.

Viele deutsche Christen gucken,

in der Öffentlichkeit

auf ihren Glauben angesprochen,

genauso verstört wie auf die Frage

nach dem Inhalt ihres Geldbeutels.

Uns ist es endlich gelungen,

aus dem schon angeschlagenen

theatrum mundi

ein Kasperletheater zu machen.

UM DIE GROßEN ZU
VERHINDERN,
MÜSSEN WIR ZUERST
DIE KLEINEN
KRIEGSSCHAUPLÄTZE
AUFLÖSEN.

Paradox

Einbrecher, deren Ziel es ist,
andere um ihren Verdienst zu bringen,
verhelfen der ganzen Branche
der Einbruchsicherung
zu Höchstverdiensten.

Wenn uns dereinst
die Vernunft
mehr wert sein wird
als das Geld —
wie reich werden wir alle sein!

Loslassen ist angesagt,
Ballast abwerfen, entrümpeln…
Das ist gut, solange man dabei
nicht sich selbst verliert.

In jedem von uns

steckt ein „ich" und ein „es."

Schade, dass uns

nicht auch genetisch

das „du" und das „wir"

in die Wiege gelegt wurden!

Weder die weiteste Entfernung
noch die dichteste Grenze
sind so unüberwindlich,
wie es die Mauer sein kann
zwischen zwei Menschen,
die sich Auge in Auge
gegenüberstehen.

Die größte Ähnlichkeit
zwischen Hunden und Menschen
liegt vielleicht in den
Charaktereigenschaften.

In beiden Rassen gibt es sie,
die mit treuem Hundeblick
Beachtung und Streicheleinheiten
erflehen,
genauso wie andere,
denen es absolut scheißegal ist,
wem sie gerade ans Bein pinkeln...

Maskerade

Lasst euch nicht hinter die Masken sehen,
hinter die Masken und unters make up!
Lasst euch nur nicht in die Karten schielen,
nicht in die Karten, sonst setzt man euch matt!

Nur nicht mit off´nem Visier antreten,
off´nem Visier und mit aufrechtem Gang!
Spielt stets die starken Unantastbaren!
Unantastbar, das macht andere bang.

Zeigt nichts von Mitleid, Schmerz und Gefühlen,
nichts von Gefühlen, damit euch nichts reut.
Angreifen! Nur keine Schwäche zeigen!
Schwäche passt gar nicht in unsere Zeit.

Doch wär´s nicht besser, mit off´nem Visier
und ohne Masken durchs Leben zu geh´n?
Wär´s nicht viel schöner, wir würden uns
mit off´nem Blick in die Augen seh´n?

Freundlichkeit, Toleranz und Offenheit
stünde uns viel besser zu Gesicht,
als das Verstellen, die Lügen, der Streit.
Bleib einfach echt; bleibe so, wie du bist!

Kein Wunder, dass es so schwer ist,
andere zu verstehen.
Viele Menschen verstehen ja
nicht einmal sich selbst.

Welch wunderbares Geschenk
ist die Musik!
Sie verbindet Millionen –
Sprache oft nicht mal
zwei Menschen.

Nur der Mensch kann sprechen,

doch inzwischen steht fest, dass auch alle Tiere

auf ihre Weise untereinander kommunizieren.

Sie sabbeln nur nicht so viel

unnützes Zeug daher wie wir.

Kein Witz

Einige Wochen nach der Geburt des 3. Kindes
findet die Ehefrau einen Zettel:
‚Mir wird das hier alles zu viel. Macht´s gut!´

Sie zieht die 3 Kinder allein auf,
rackert sich ab mit Erziehung, Hausarbeit und
Nebenjobs, bis das älteste 12 Jahre alt ist
und bei der Betreuung der Kleineren helfen kann.

Dann geht sie zum Arbeitsamt, in der Hoffnung,
einen Job zu finden, der ihr und den Kindern
endlich etwas mehr Lebensqualität verschafft.

Arbeit bekommt sie nicht,
nur die unfassbare Frage des „Beraters"
nimmt sie mit nach Hause:
„Wenn Sie 12 Jahre lang nicht gearbeitet haben,
warum wollen Sie denn jetzt plötzlich damit
anfangen?"

Bis heute gibt es Eltern,
die „das gute Benehmen"
in ihre Kinder hinein prügeln.

Die Ausbildung zum Lehrer besteht aus:
Schulbesuch, – Universitätsbesuch, – Schulbesuch.

Das bedeutet: ausgerechnet die Menschen,
von denen der größte Teil
niemals das normale Berufsleben
als Arbeitnehmer kennengelernt hat,
sind ausersehen, unsere Jugendlichen
genau darauf vorzubereiten.

Pisa lässt grüßen!

Carpe diem

„Du musst dich um deine Zukunft kümmern!"
„Streng dich an, damit aus dir etwas wird!"
„Du musst an später denken!"
Diese Sätze bläuen viele Eltern ihren Sprösslingen ein,
damit sie es im Leben zu etwas bringen.

Verstehen können Kinder das nicht.
Sie leben im Hier und Jetzt,
junge Leute wollen ihre Tage auskosten
und jeden Moment genießen.

Manche treibt später aber doch
die Angst oder der Ehrgeiz.
Sie haben gelernt, dass sie besser sein müssen
als die anderen und powern,
 – dank der modernen Technik auch Tag und Nacht –
bis sie mit 40 Jahren den ersten Burn-out
oder Herzinfarkt haben.

In der Reha-Klinik lernen sie dann mühevoll
unter teurer professioneller Anleitung,
was Philosophen vor tausenden von Jahren
erkannt haben:

Koste deine Zeit aus!
Lebe im Hier und Jetzt!
Genieße die schönen Momente!

Manche Ehefrau
würde sich freuen,
wenn ihr Mann sich ihr genauso
aufmerksam zuwenden würde
wie seinem
Smartphone.

Was früher „narzisstisch"
oder „exhibitionistisch" hieß,
nennt man heute
„social networks".

Es dauert nicht mehr lange,

bis wir es geschafft haben!

Die Computer und Roboter

haben alle unsere Arbeiten übernommen,

– ihre Metallhände streicheln schon

Senior/innen in den Altersheimen –,

Kaufhäuser und Fabriken arbeiten ohne Angestellte,

und das Genialste: Roboter geben Erlerntes

an die nächste Generation weiter.

Das heißt: wir brauchen uns nicht mehr!!

Der Mensch hat sich abgeschafft!

Einfach alles erledigt!

Fun-tastische Arbeit!

NB Kommentar eines Freundes:

„ Die Umwelt wird es uns danken!"

„Der lebt, als gäbe es kein Morgen!"

sagen wir schmunzelnd oder auch abfällig

über einige Zeitgenossen.

Doch ist nicht unsere Einstellung trügerisch,

arglos zu leben,

als g ä b e es ein Morgen?

Gipfelsturm

Alle rasen, hetzen, hasten
um die Wette, immer schneller,
immer irrer in die Irre.
Wer hält das noch aus?

Immer weiter, höher, besser!
Alle stoßen schieben, drängeln,
jeder weiß, er muss gewinnen,
denn er will hoch hinaus!

So geht´s mal rechts, mal links herum,
nur mit dem Trend, egal wohin,
denn jeder will der erste sein,
und wär er ganz allein. . .

Ein paar weise Leute halten
irgendwann im Lauf mal inne
und fragen: „Zahlen wir dafür
nicht zu viel Leben ein?

Wo woll´n wir hin, was ist der Sinn,
erreichen wir so unser Ziel?
Sind wir noch auf der richt´gen Spur
oder vor Eifer blind?"

Frieden, Freundschaft, Hoffnung, Freude,
brauchst du auf deinem Lebensweg.
Das sind Werte, die sich lohnen!
Du wusstest es schon mal – als Kind.

Warum ich kein Perfektionist bin?

Weil im Leben doch immer alles anders kommt. . .

Genieße die Vorfreude!
Sie ist der Spatz, den du in der Hand hältst.

Zukunft

Jahrelang wurdest du getrimmt,
und häufig hat es dich verstimmt:
dieses sollst du, jenes lassen,
musst in die Gesellschaft passen,
musst dich regen, – Geld bringt Segen –
und auf der Karriereleiter
immer höher, immer weiter.

Bist du oben angekommen,
meinst, der Zenit sei erklommen,
blickst stolz du auf dein Hab und Gut!
Doch plötzlich verlässt dich der Mut,
und du fragst:„War das mein Leben?
Arbeit, buckeln, treten, streben,
der Starke nimmt, der Schwache fällt? –
Na ja, so ist halt diese Welt!"

Nun suchst du nach dem tief'ren Sinn.
„Wo kam ich her, wo geh´ ich hin?
Immer war ich gut im Nehmen,
doch was habe ich gegeben?
Schuf ich auch etwas, das mir bleibt?
Eingezahlt in die Ewigkeit?"

Mensch, dann wird´s dich überraschen:
das letzte Hemd hat keine Taschen!

Entspringt die viel beschriebene
„Gelassenheit im Alter"
wirklich der erworbenen Lebensweisheit,
oder hat nicht vielmehr im Laufe der Jahre
die Psyche eine „l. m. a. A.*) - Schutzhülle"
um das Gehirn gewoben,
die das Älterwerden
etwas erträglicher erscheinen lässt?

  *) (frei nach J. W. v. Goethe: Götz v. Berlichingen)

„Wir vertreiben uns die Zeit"
oder sogar: „wir schlagen die Zeit tot,"
sagen wir, ohne zu begreifen,
dass die Zeit am längeren Hebel sitzt.

Sweet Dreams

Hast du auch so traumhafte Ideen?
Von Träumen, die nicht im Wind verwehen?

Glaubst du auch noch an die Welt der Wunder?
Wunder, die geschehen wie Sommer und Winter?

Möchtest du auch an das Ende der Welt,
wo Sorge und Leid am Regenbogen zerschellt?

Dann träum ruhig weiter, du armer Wicht.
Das Leben zeigt dir ein andres Gesicht!

Für Moritz

Nicht nur kurz ist das Leben,
auch unberechenbar.

Es spielt uns manchmal Streiche,
das ist längst allen klar.

Oft sind sie gar nicht lustig;
widerwärtig sind sie,

und du kannst dich nicht wehren,
zwingen dich in die Knie.

Einer versucht zu kämpfen,
der andre resigniert,

und keiner kann je ahnen,
wohin das Leben führt.

Ob jung oder alt, – egal,
was immer dich bedroht,

gewiss ist nur das eine:
es endet mit dem Tod.

Wer nicht in sich selber ruht,
wird nirgendwo ein Zuhause finden.

Oft wäre es sinnvoller, wir würden uns

vor dem lebenden Menschen verneigen,

nicht erst vor seinem Sarg.

Hinter den Kulissen

Nach dem Sinn des Daseins fragt wohl jeder, der denkt.
Die Vermutungen sind sehr verschieden.
Einer glaubt, er sei hier, dass man ihn reich beschenkt,
andre sind mit Gehorsam zufrieden.

Doch der tiefere Sinn, der hinter allem liegt,
ist fürs menschliche Hirn kaum zu fassen.
Vielleicht soll'n wir's auch nicht, bis der Vorhang sich hebt.
Vielleicht sollten wir das Rätseln lassen?

Wir können nicht jedes Geheimnis verstehen.
Doch ist dies nicht g'rade das Gute?
Wüssten wir alles um Leben und Tod — wer weiß —
wie wär uns wohl dabei zumute?

Paradox

Je lauter Lärm wird,
desto mehr Geräusche
schluckt er auch.

Je leiser es wird,
desto vernehmbarer
wird die Stille.

EIN BISSCHEN SPAß

MUSS *trotzdem* SEIN!

Modalverben-Karussell

Hätte nicht gedacht, dass ich das
können könnte,

geschweige denn, dass ich es
wollen wollte,

obwohl ich weiß, dass ich´s wohl
sollen sollte,

und ich es auch schon lange
müssen müsste!

Jetzt merke ich, dass ich´s doch
dürfen dürfte,

obwohl ich es nicht wirklich
brauchen bräuchte.

Wenn mir nur nicht schon jetzt
der Kopf so räuchte!

Bleib heiter!

Ach, wenn man doch zufrieden wär,
ganz einfach mit dem Leben!
Dann wär das Leben halb so schwer,
und man könnt einfach – leben !

Würde man nur zufrieden sein
mit den ganz kleinen Dingen!
Dann wär das Leben doppelt schön
und könnt leichter gelingen!

Wir machen uns das Leben schwer
mit tausend dummen Fragen.
Warum, wozu, weshalb und wann?
Es ist kaum zu ertragen.

Freu dich, dass du genießen kannst,
was dir umsonst gegeben:
die Luft, die Sonne, die Natur!
So wird´s ein gutes Leben!

Kleene Philosophie

Ick fraje mir imma,
wieso denn manche jelehrte Köppe
uffjeschrieben werden for de Nachwelt.
Det sin doch ooch nur Menschen
wie du un icke.
Det muss wohl an de vadrehte Sprache von dene liejen,
det klingt wohl jescheiter.
Na jut, denn saje ick jetz ma so:

Die Welt, in der ich lebe, ist nichts als
ein Gespinst meiner Wahrnehmungen.
Daher ist jede Erkenntnis, die ich zu besitzen glaube,
nur ein Bruchstein aus dem Mosaik unserer Empfindungen,
das im Ganzen unsere Welt gebiert.

Det is doch jetz knorke, wa?

Anhang

Leseprobe aus:

Kohlsuppe und Kaviar

Wer immer noch
der Annahme nachhängt,
„der Mensch ist von Natur aus gut",
hat noch nie
Krabbelkinder in der Sandkiste
beobachtet.

Wie gut,
dass zweifelsfrei feststeht,
dass der Mensch
das höchste Lebewesen
auf Erden ist.
Das enthebt ihn
aller Bemühungen,
dieses Titels
gerecht zu werden.

Warum verbringen Jugendliche
in unserer lärmüberfluteten,
karriere-orientierten, gefühlsarmen Welt
soviel Zeit
mit der *SMS* – Schreiberei?

Steckt vielleicht hinter
mancher oberflächlichen Floskel
„*Save My Soul*" ?

Leseprobe aus

Bürger, Bosse, Bonmots

Der Hausstaub ist wahrscheinlich
das einzige Übel,
das sich noch schneller multipliziert
als die Staatsverschuldung.

Politiker zu sein,
ist ein wirklich erstrebenswerter Job:
man kann bedenkenlos
Unsummen von Geld ausgeben,
das man nicht selbst verdienen musste,
und wird dafür auch noch bezahlt!

Wir beklagen den Werteverfall
in Deutschland.
Als wenn Werte ein Verfallsdatum hätten!
Schön wär´s! Dann läg´s nicht an uns.

Leseprobe aus

Kaleidoskop

Tempora mutantur

„Das ist Frauenarbeit!"
Etwas verächtlich schauten
noch vor kurzem viele Männer
auf die sogenannten „Tippsen" herab.

Im Computerzeitalter dürfen wir
aber nun erleben,
dass in beinahe jedem Mann
eine perfekte kleine
Schreibdame steckt...

Wie gehen wir eigentlich
mit unserer Zeit um?
Anstatt j e t z t zu leben,
anstatt j e t z t zufrieden zu sein,
warten wir ständig auf die
noch bessere, noch passendere Gelegenheit.

Haben wir wirklich so viel Zeit
zu verschenken?

FSC
www.fsc.org

MIX

Papier aus ver-
antwortungsvollen
Quellen
Paper from
responsible sources

FSC® C105338